AF258155

L5 41 948

PROCÈS VERBAL

DE la conduite tenue par l'armée révolutionnaire pendant son séjour à Grenade, chef-lieu de district, au département de Haute-Garonne.

DRESSÉ par la municipalité & conseil général de la commune, le troisieme Nivose de l'an second de la république française, une & indivisible.

AUJOURD'HUI troisieme Nivose, l'an second de la république française, une & indivisible, à deux heures de l'après-midi, dans la maison commune de Grenade, la municipalité dûment assemblée,

Il a été dit :

Le détachement de la ci-devant armée révolutionnaire, composé de cent quatre-vingt-trois hommes, tant à pied qu'à cheval, est enfin parti, après avoir tenu pendant six semaines la municipalité dans un état d'esclavage & de servitude ; après avoir paralysé toutes ses fonctions par les menaces les plus despotiques, en la tenant sous le canon & les baïonnettes, sous le prétexte d'exécuter des lois & des pouvoirs qu'ils n'ont fait qu'enfreindre. Elle doit enfin faire usage du premier moment de sa liberté, pour constater les faits qui se sont passés sous ses yeux, & protester contre la violence & l'arbitraire qui ont été employés pour exécuter les ordres qui leur avoient été confiés, même contre toutes les attestations & certificats qui ont été arrachés par la crainte aux magistrats du peuple, qu'ils désavouent formellement.

Les citoyens Blanchard & Hugueni, commissaires civils à la tête du détachement de cette armée révolutionnaire, écrivirent à la municipalité le 14 Brumaire, pour lui annoncer que le susdit détachement, composé de cent soixante hommes, tant à pied qu'à cheval, devoit arriver le lendemain à Grenade ; qu'elle eût à faire porter & trouver à midi précis , une quantité fuffifante de pain & viande à Selh & à Auffonne , diftant de Grenade à peu-près de deux lieues , déclarant qu'ils marchoient & traitoient révolutionnairement.

Quoique cette lettre ne parvînt à fon adreffe qu'à dix heures du foir , la municipalité n'eut rien de plus preffé que de donner des ordres pour que tout fût exécuté à la lettre.

En effet , avant le point du jour , les voitures s'acheminent vers Selh & Auffonne , avec des commiffaires nommés par la municipalité , & arrivent à leur deftination avant l'heure indiquée.

Déjà la municipalité avoit pourvu au logement de ce détachement, imaginant que , conformément à l'ufage des troupes , ils n'avoient rien autre à demander , comme devant vivre de l'étape.

Cependant vers les cinq heures du foir le détachement arrive , & il eft auffitôt logé. Les précautions de la municipalité ne parurent pas fuffifantes aux commiffaires Hugueni & Blanchard. Ils fe rendent à la municipalité, & d'un ton impérieux ils déclarent que l'armée doit être nourrie aux dépens des ariftocrates ; que rien ne lui doit manquer. Ils enjoignent à la municipalité d'avoir à faire exécuter fur-le-champ les ordres qu'ils viennent de lui donner. La municipalité obferve aux commiffaires que n'ayant point été prévenue à temps de leurs intentions , elle n'a pu les prévenir ; que, d'autre côté , il étoit impoffible de loger l'entier détachement chez les ariftocrates , qui étoient en trop petit nombre , & que ce feroit alors fouler les patriotes que de les affujettir à fournir à cette dépenfe. Les commiffaires civils répondirent qu'ils ne perdroient rien , qu'ils feroient rembourfés de leurs avances par les ariftocrates , qui demeuroient feuls tenus de tous les frais à ce relatifs.

Alors la municipalité n'a rien de plus preffé que d'envoyer des commiffaires dans les différentes maifons où étoient logés les Sans-culottes , pour qu'on eût à leur fournir la nourriture & tout ce qui leur feroit néceffaire.

L'inftant d'après , le citoyen Gélas , commandant du détachement , après avoir fait placer deux pieces de canon aux approches de la porte de la maifon commune, vient demander au citoyen maire d'avoir à lui dire quelle étoit la force du piquet de la garde nationale, afin qu'il pût lui oppofer une force double. Le maire, d'accord avec Gélas pour foulager l'armée révolutionnaire, fit retirer la moitié du pofte compofé alors de vingt hommes.

Le lendemain les citoyens Hugueni & Blanchard, commiffaires civils, fe rendent à la municipalité vers les quatre heures du foir ; ils exhibent les pouvoirs qui leur avoient été donnés par le citoyen Paganel, repréfentant du peuple, en féance à Touloufe , datés du 7 du même mois, enregiftrés au département & au diftrict les 12 & 16 auffi du même mois, & en demandent l'enregiftrement.

Cette opération finie , ils requièrent le maire d'avoir à convoquer le confeil & le comité de furveillance pour cinq heures précifes du lendemain matin.

Le 17 à quatre heures du matin, l'entier détachement de l'armée révolutionnaire eft fur pied. Tous les poftes & paffages de la ville font occupés par des fentinelles ; les canons, la meche allumée, font braqués fur les principales rues , & il eft défendu à tous les citoyens de fortir fans une permiffion expreffe. Le tout ainfi difpofé , les commiffaires civils, à la tête de l'état-major du détachement de l'armée révolutionnaire , fe rendent au confeil ; la préfidence eft déférée aux citoyens Hugueni & Blanchard.

Auffitôt ils annoncent au confeil le motif de cette convocation , après une fortie des plus vigoureufes contre les ariftocrates, les égoïftes, les modérés & les feuillans. Ils déclarent qu'il faut aller procéder au dépouillement de toutes les perfonnes de la commune qui fe trouvent dans ce cas, en obfervant de ne leur laiffer que l'abfolu néceffaire, comme le tout devant fervir au foulagement & aux befoins de nos armées.

Au même inftant, ils indiquent à chaque officier municipal la maifon où il doit aller, lui donnent pour compagnons un notable & deux membres du comité de furveillance, avec un piquet de l'armée révolutionnaire, & ordonnent à chacun d'eux d'aller procéder fur-le-champ , préalablement leur avoir déclaré que fi, aucun d'eux molliffoit dans l'opération, il feroit déclaré comme fufpect , & qu'on le feroit *foutre* dans la maifon de réclufion.

Tandis que les nouveaux commiffaires procedent au fait de leur commiffion , le citoyen Delport, ci-devant curé de Beaumont, capitaine de ce détachement, prefque entierement compofé de Beaumontois, parcouroit, avec plufieurs autres fous-officiers, les différentes maifons que l'on dépouilloit, & d'un ton féroce & menaçant, il ne ceffoit de répéter qu'il falloit tout prendre, & ne laiffer aux propriétaires que les yeux pour pleurer & les ongles pour fe gratter.

A fur & à mefure que l'on prenoit les objets, on les dépofoit dans un lieu qui fut indiqué par les citoyens commiffaires civils, où deux commiffaires par eux nommés les recevoient, tandis que les prépofés au dépouillement continuoient leur opération. Les différens piquets de la troupe qui les accompagnoient, fe faifoient livrer à difcrétion par les propriétaires, de quoi manger & boire.

Les 18 & 19 furent employés aux mêmes opérations, & rien ne fut négligé pour vider une vingtaine de maifons du mobilier le plus précieux, de l'argenterie, couverts , vaiffelle plate ; même chez Ginefte, notaire , du numéraire métal provenant des dépôts qu'il avoit caché fous une cuve, pour le fouftraire à la rapacité de ces fatellites. Les objets les plus inutiles à la république, tels que rideaux de fenêtres, pieces de mouffeline , hardes de femme & d'enfans, vins étrangers & liqueurs, fucre, café, favon, papier, chandelles & plufieurs autres objets, déviennent la proie des Sans-culottes & de leurs chefs.

Plus les citoyens vrais Sans-culottes de Grenade accédoient aux impérieufes volontés de cette armée révolutionnaire, & plus elle abufoit des pouvoirs qui lui avoient été délégués. Déjà plufieurs plaintes étoient venues à la municipalité contre les Sans culottes, qui exigeoient de leurs hôtes les mets les plus friands, tandis que ceux-ci avoient à peine pour eux le néceffaire. Mais nos entrailles étoient déchirées de ne pouvoir venir à leur fecours. Toutes nos réclamations à cet égard auprès des commiſſaires étoient inutiles ; ils avoient toute l'autorité en main. Leurs pouvoirs étoient illimités ; ils entendoient toutes les réclamations ; tout ſe paſſoit ſous leurs yeux, & ils ne vouloient rien voir. Dans le nombre des plaignans, ſe trouvent *Labeſque*, forgeur, Rieupeyroux aîné, & le domeſtique de la veuve *Fabré*. Il fallut que la municipalité ſe tranſportât dans la maiſon de cette derniere, pour arrêter le cours des dilapidations & des dépenſes extravagantes que l'armée révolutionnaire y faiſoit. Un cuiſinier mis par eux en réquiſition, faiſoit main-baſſe ſur tout avec la plus grande prodigalité.

Tandis que certains membres de cette armée s'occupoient ainſi à boire & à manger, d'autres travailloient à l'approviſionnement d'une maniere injuſte. Ce dernier jour 19 étoit jour de marché à Grenade ; & quoique l'uſage conſtant aſſujettît les habitans à ne pouvoir s'approviſionner qu'à une heure déterminée, les Sans-culottes qui ſe croyoient autoriſés à tout entreprendre par le droit du plus fort, ſans aucun reſpect pour les ordonnances de police, ni pour les propriétés, prennent de droit & de gauche la volaille de toute eſpece, le fruit, le jardinage ; ce qui effara à ce point le peuple & les habitans de la campagne, que pendant le ſéjour de cette armée, ils n'ont preſque plus rien apporté au marché ; mais les Sans-culottes furent bien s'en dédommager ; ils furent piller toutes les volailles de la campagne.

Le 20, jour de dimanche, le détachement de l'armée révolutionnaire, d'accord ſur un nouveau genre d'opérations, ſe diſperſa dans différens quartiers de la ville, afin de forcer le ſexe d'aller à l'égliſe. Ils les prenoient brutalement par les bras, & les traînoient avec violence dans le temple. Les menaces, les injures, tous les moyens pour parvenir à leur but, furent employés.

De telles meſures ne furent pas du goût de tous les habitans. Les filles de la veuve Bergé voyant frapper rudement à leur porte, furent ſe mettre ſous la protection du citoyen Capmartin, juge de paix.

Elles furent l'arracher à ſes fonctions d'aminiſtrateur au diſtrict, pour venir les délivrer de l'oppreſſion. Le juge de police ſe rend ; il invite

(6)

les Sans-culottes fraternellement à se séparer. Ce moyen devenant in-
fructueux , il invoque la constitution , & toutes les lois qui garantissent
le libre exercice du culte , la liberté des opinions & la sureté des
personnes. Il fit plus , il se transporta de suite chez les commissaires civils pour leur dénoncer l'acte despotique de ces satellites, pour qu'ils inter-
posassent leur autorité , & ramenassent les Sans-culottes égarés à leur devoir.

Qui le croiroit ? le juge de paix reçut l'accueil le plus foudroyant ; après
lui avoir fait essuyer les menaces les plus fortes, & subir les propos les plus
humilians , les commissaire civils prononcent en sa présence sa destitution de
juge de paix & d'administrateur du district , sous le prétexte spécieux qu'il
s'étoit opposé aux opérations de l'armée révolutionnaire, & qu'il s'étoit mon-
tré , disoient-ils, le partisan, même le défenseur des aristocrates & des prê-
tres de toutes les especes ; ils ordonnent sa réclusion dans sa propre maison,
gardé à vue, & de suite ils arrêtent que ledit Capmartin seroit mis en état
d'arrestation , & enfermé dans la maison de réclusion du district.

Cet arrêté , envoyé de suite à la municipalité , fut par elle exécuté.

Il n'est pas inutile d'observer ici que Grenade s'attendoit encore à des
scenes plus affligeantes : le premier commissaire civil à la tête de cette
armée , le capitaine de l'infanterie & sa compagnie, étoient tous natifs
ou habitans de Beaumont. Cette ville rivale , qui de tous les temps a
jeté un dévolu sur l'administration du district de Grenade , n'a rien
négligé pour parvenir à son but ; les calomnies les plus atroces qu'elle
venoit de se permettre contre notre trop malheureuse cité , dans un
protocole de délibération que les habitans faisoient prendre à la sour-
dine par les communes du canton , l'adresse qui avoit été faite aux repré-
sentans du peuple en séance à Toulouse , ne nous permettoient pas de
douter de ses intentions.

Ses premieres démarches justifioient avec raison nos craintes , & le temps
nous a appris que ce n'étoit point sans fondement , puisque ce détachement , qui devoit parcourir les districts de Castelsarrasin, de Grenade , &
passer même dans d'autres circonvoisins , a affecté de rester pendant six
semaines entieres à Grenade ; & il y seroit encore , si la loi qui prononce

la diffolution de telles armées , ne lui étoit parvenue. A ce moment feulement, on détermina d'aller à Beaumont, où l'on refta pendant vingtquatre heures , uniquement pour avoir l'air d'avoir été prévenus par la loi dans la continuation des opérations confiées à l'armée révolutionnaire.

Mais tirons le rideau fur des détails qui n'auroient jamais dû exifter , & continuons la férie des faits.

Le 22 , les commiffaires Hugueni & Blanchard envoient à la municipalité un arrêté par eux pris le même jour , qui nomme le citoyen Laborde fils aîné , marchand, à la place de juge de paix ; & comme Laborde étoit pour lors officier municipal , vu l'incompatibilité des deux places , voulant cependant le conferver dans le confeil général de la commune , ils le nomment notable à la place du citoyen Riviere', qui s'étoit retiré dans le département du Gers.

Le citoyen Laborde , porteur de cette commiffion , en requit l'enregiftrement , ce qui fut fait fur-le-champ , & fa nomination fut proclamée dans toute la ville.

Le 23 & le 24 furent employés par l'armée révolutionnaire à des expéditions dans la campagne.

Le 25 , les commiffaires civils reconnoiffant que s'étoit à tort qu'ils avoient fait mettre en état de réclufion le citoyen Capmartin , juge de paix , par eux deftitué , prirent un arrêté pour le mettre en liberté , qu'ils motiverent fous les couleurs qui pouvoient le plus légitimer leurs démarches ; ils l'envoyerent à la municipalité pour avoir à le faire mettre à exécution fur-le-champ , ce qui fut exécuté.

Dans la féance publique qui eut lieu dans le temple de la raifon le 25 même jour , le ci-devant curé de Beaumont , Delport , capitaine de la compagnie de Sans-Quartier , fit une motion pour annoncer que les Sansculottes de l'armée révolutionnaire actuellement à Grenade , étoient partis de Touloufe fans pouvoir prendre les chemifes qui leur étoient néceffaires , parce que , difoit-il , elles n'étoient point faites ; il invita en conféquence toutes les bonnes citoyennes de la ville à venir fe faire infcrire pour faire gratuitement des chemifes.

(8)

Le lendemain on apporta une certaine quantité de draps pris au fufdit. dépôt, chez le citoyen Roujeau, receveur du diftrict, beau-frere du citoyen commiffaire Hugueni ; & quoique tous les citoyens de la ville euffent à fe plaindre de la mauvaife conduite de l'armée révolutionnaire, néanmoins tout le monde, jufqu'au plus pauvre, s'empreffèrent d'aller demander du travail à faire ; on quitta tout pour fervir promptement & gratuitement les Sans-culottes.

Les journées des 26 & 27 furent employées à la continuation des expéditions relativement au dépouillement des perfonnes réputées fufpectes.

Les dilapidations en tout genre furent les mêmes de la part des Sansculottes & de leurs chefs.

Le 28, arrêté des commiffaires civils, portant nomination du citoyen Valette à la place d'officier municipal, rendue vacante par la promotion du citoyen Laborde à celle de juge de paix, & remplacement dudit Valette à la place de notable par le citoyen Bretoux.

Le même jour il fut adreffé à la municipalité un fecond arrêté rendu par les commiffaires civils, qui met en liberté Felix Loude, enfermé dans la maifon de réclufion par délibéré du confeil général de la commune.

Encore il intervint ce même jour une réquifition de la part des commiffaires civils à la municipalité, pour avoir à faire arrêter fur-le-champ, & conduire dans la maifon d'arrêt, Rieupeyroux cadet.

Tout fut exécuté ponctuellement, & fuivant le défir des commiffaires.

Le 29 n'offrant rien de remarquable, on paffe à la journée du 30, jour de décade.

Les habitans de Grenade toujours attentifs à exécuter tout ce qui pouvoit procurer l'union entre les citoyens & l'armée révolutionnaire, oubliant un inftant tous les mauvais traitemens & les vexations qu'elle ne ceffoit de leur faire éprouver, confacrent ce jour aux amufemens & aux plaifirs. Un banquet civique frugal, compofé au moins de mille couverts, leur fut offert. Les plaifirs de ce repas furent précédés par des farandoles, des danfes, & l'élévation d'un arbre dédié à l'union & à la fraternité. Les hymnes à la liberté, les chants d'alégreffe, & les thoats mille fois portés à la

profpérité de la république, de la Convention , & au fuccès de nos armées , exprimoient d'une maniere non équivoque , & le bon cœur , & le
patriotifme de tous les habitans.

Ce même jour, à l'entrée de la nuit , les citoyens quittent les plaifirs de la
fête civique , fe rendent en foule au temple de la raifon pour y profiter
de l'inftruction publique.

L'armée révolutionnaire fentoit tous les préjudices qu'elle avoit déjà porté
aux marchés de Grenade ; auffi un Sans-culotte s'empreffa-t-il d'annoncer
à l'affemblée que les commiffaires civils venoient d'écrire à toutes les communes qui formoient l'arrondiffement du marché , pour qu'elles euffent à
continuer de l'alimenter , comme elles étoient dans l'ufage de le faire , &
affura que toutes les mefures feroient prifes pour que cette circulaire pro-
duisît l'effet qu'on devoit en attendre. (C'étoit en berçant ainfi le peuple
qu'on l'endormoit fur les maux qu'on lui faifoit éprouver , & qu'on lui
préparoit encore.)

Le premier Frimaire , le comité de furveillance affemblé dans le lieu
ordinaire de fes féances , porta toute fon attention fur l'objet principal des
fonctions qui lui étoient attribuées. Les dilapidations commifes par l'armée
révolutionnaire & fes agens , lui deffillerent les yeux , & lui firent prendre la
détermination de les furveiller de plus près , pour répondre avec plus d'effi-
cacité aux arrêtés pris par le diftrict de Touloufe , confirmés par le département de Haute-Garonne, qui invitoit à furveiller & à dénoncer les fraudes
que l'on s'étoit déjà permis dans différens endroits, fous prétexte de venir au
fecours des armées de la république.

La pureté des intentions de ce comité, formé par un noyau régénérateur
de la fociété populaire, le 14 Brumaire , & dont la nomination fut publiquement confirmée en féance publique de la fociété populaire le 20 du
même mois dans le temple de la raifon , par tous les Sans-culottes de cette
ville , en préfence des commiffaires civils , qui les firent monter l'un après
l'autre à la tribune pour prendre féparément le vœu du peuple , ne laiffoit
rien à défirer. Cependant le comité foupçonné de trop de zele , trahi fans
fans doute par quelque malveillant ; d'ailleurs ayant refufé de condefcendre

aux défirs d'Hugueni dans le choix à faire d'un jury appelé à cette époque auprès du tribunal établi à Touloufe, où il vouloit faire appeler le citoyen Godin fon parent, domicilié dans le canton de Beaumont ; ce comité, dis-je, perd à l'inftant la confiance des commiffaires civils, qui jufqu'alors n'a-voient ceffé de juftifier publiquement la bonne opinion qu'ils avoient fur fon compte.

Par des motifs qu'il eft aifé d'appercevoir, ils méditent, combinent, & effectuent fa diffolution ; pour mieux colorer leurs manœuvres, ils prennent des prétextes, fe rendent le 2 Frimaire, vers les quatre heures du foir, à la maifon commune, accompagnés de Gélas, chef du détachement.

Il eft pénible fans doute de retracer le tableau humiliant qu'offrirent à une foule de nos concitoyens les chefs de cette armée tranfportés de colere & de fureur. La municipalité étoit affemblée, & s'occupoit des objets impor-tans que la loi lui a confié ; fes opérations font coupées par la fortie là plus vigoureufe que ces trois individus fe permettent contre elle & fes opérations. Les menaces accompagnées de geftes les plus expreffifs, firent bientôt con-noître quelle étoit leur détermination ; ils lui annoncent fa prochaine def-titution, en déclarant qu'ils ne négligeront rien pour l'effectuer. Apper-cevant à leurs côtés les citoyens *Borgeon & Soulier*, membres du comité, ils les traîtent de lâches, de pufillanimes, de là qu'ils avoient renvoyé par deux fois différentes à la municipalité, deux pétitions préfentées par les citoyens Loude & Prieur ; le premier en état d'arreftation, qui demandoit fon élargiffement, & le fecond déjà mis en liberté, qui réclamoit un arrêté tendant à juftifier fon ci vifme.

Les commiffaires civils & Gélas déclarent à ces deux citoyens, que le comité cherchant fans doute à les compromettre, ils viennent de pré-venir l'effet de leurs trames, & qu'ils ont prononcé fa deftitution.

Gélas, toujours tranfporté de fureur, & avec des expreffions de rage, menaçant de fon bras la municipalité, lui déclare que la guillotine eft au moment de venir ; qu'il a des canons, de poudre & de boulets à fa difpofition, & que, fût-il même à cent lieues, il viendra pour l'exter-miner, pour la pulvérifer en dépit de toutes les autorités & de la Convention elle-même ; qu'il raferoit la ville , & ne laifferoit pas même pierre fur pierre , s'il apprenoit , après fon départ , que la municipalité reftât dans un état d'apathie : prétexte qu'il mettoit en avant pour intimider les magiftrats du peuple , le comité & tous les citoyens , afin d'atténuer leur furveillance , & leur ôter toute envie de fe plaindre , & parvenir avec plus de fécurité à leur but.

Les commiffaires civils connoiffoient la confiance entiere qu'avoit le peuple à ce comité , dont la formation étoit fon ouvrage. Il falloit le diffuader ; leur imagination féconde en reffources leur en facilita les moyens.

En conféquence , ils fe rendent à la féance publique au temple de la Raifon. Hugueny , l'un des commiffaires , tonne fortement contre le noyau régénérateur de la fociété , de là qu'il étoit trop difficile pour admettre dans fon fein les perfonnes qui fe préfentoient. Il en attribue la faute au comité ; il l'accufe d'agir en defpote ; il ne néglige rien pour jeter fur fon compte & fur cette fociété régénérée , toute la défaveur poffible. Il déclare que les commiffaires ont prononcé fa deftitution ; & foit par crainte ou par menaces , il porte le peuple à voter la diffolution de l'un & de l'autre. Il fait arrêter qu'on lui préfentera le lendemain un nouveau noyau , afin que la réorganifation de la fociété & du comité fût fon ouvrage.

En effet , le 3 , un groupe de vrais Sans-culottes pris dans la claffe la plus indigente , & dont la lifte avoit été faite chez le citoyen *Roujean* , beau-frere d'Hugeny , va , fur les trois heures de l'après-midi , fe préfenter aux commiffaires civils , & demande à former le noyau régénérateur de la fociété.

Les citoyens Hugueny & Blanchard les renvoient à la féance publique du foir , afin de prendre le vœu du peuple fur fon opinion politique.

A l'heure accoutumée , ces citoyens fe rendent à la féance. Hugueny fait faire l'appel nominal de la lifte ; il confulte l'affemblée fur le civifme de chaque membre ; & après qu'ils ont été reconnus pour de francs républicains , il les proclame membres de la fociété régénératrice.

Il annonce enfuite qu'il vient de prendre, avec fon collegue, les mefures pour éloigner & détruire les craintes factices fur la pénurie des
fubfiftances; qu'en conféquence, ils vont prendre un arrêté pour que
toutes les communes compofant l'arrondiffement du marché de Grenade,
verfent dans un grenier qu'il va établir ici, une quantité déterminée de
fubfiftances qu'il dit avoir fixé au huitieme de la récolte, & dans lequel
verfement Grenade fe trouve compris pour mille quintaux marc, lefquels
grains feroient deftinés à approvifionner nos marchés.

En effet, le lendemain 4 Frimaire, ils envoient à la municipalité l'arrêté à ce relatif, fous la date du même jour, avec une lettre pour la
requérir d'avoir à dreffer dans le délai de trois jours, au magafin de
dépôt des fubfiftances, le contingent de blé la concernant, fixé à mille
quintaux, fous la peine de fa refponfabilité perfonnelle & individuelle.

La municipalité s'empreffa de déférer à cette réquifition, en faifant
effectuer par tous les moyens que la loi avoit mis en fon pouvoir, les
verfemens réclamés.

La difficulté d'avoir un local fuffifant pour réclure toutes les perfonnes
du diftrict réputées fufpectes & ariftocrates, avoit obligé la municipalité de deftiner le ci-devant couvent des Urfulines pour l'un & l'autre
fexe.

Les commiffaires civils improuvent ce mélange, & décident qu'il faut
les féparer ; en conféquence ils changent l'adminiftration du diftrict pla-
cée au ci-devant couvent des Capucins, & deftinent ce bâtiment pour
enfermer les femmes.

Le 8 Frimaire, la municipalité avoit donné des ordres à la garde nationale pour faire cette tranflation ; mais l'entier détachement de l'armée
révolutionnaire devance l'heure, & va lui-même les prendre pour les conduire.

Au lieu de les accompagner directement dans leur retraite, il fait prendre à chacune fon paquet, les fait ranger deux à deux, & tambour bat-
tant, le fabre nu, au milieu des huées & des humiliations, les promene
dans toute la ville, les fait entrer dans l'églife paroiffiale, les oblige à fe

mettre à genoux ; & là le ci-devant curé Delport leur fait une morale à sa façon, & leur dit : Vous ne devez compter pour rien l'humiliation que vous éprouvez ; demain la guillotine arrive, & vos têtes tomberont sous le rasoir national ; & de là il les fait conduire dans leur nouvelle demeure.

Quel contraste entre la conduite tenue par l'armée révolutionnaire le 20 Brumaire, & celle qu'elle va tenir cejourd'hui neuvieme du courant !

Le peuple étoit rassemblé entre trois & quatre heures de l'après-midi, dans ce même temple, occupé à célébrer son culte, lorsque tout-à-coup, & au moment où il s'y attendoit le moins, il voit entrer une partie du détachement, le sabre nu à la main, qui pénetre jusqu'au sanctuaire, en se permettant les propos les plus indécens ; & sans aucun égard pour le libre exercice du culte, il seme le trouble & le désordre dans cette assemblée, chasse le ministre de son poste ; il arrache les livres du lutrin, les déchire, divise l'assemblée en semant la terreur, ferme les portes, les force à danser la farandole, & chacun s'estime trop heureux de trouver son salut dans la fuite.

L'usage constant qui avoit consacré les ci devant jours de dimanche à régler les affaires entre les habitans de la campagne & les citadins, avoit emmené, le 11 du même mois, plusieurs agricoles à Grenade ; c'en fut assez pour provoquer toute l'indignation des commissaires civils & de l'armée révolutionnaire. Sur les trois heures de l'après-midi, ils font mettre l'entier détachement de l'armée révolutionnaire sous les armes : aussitôt des sentinelles sont placées à toutes les issues de la ville ; les canons, la meche allumée, sont braqués aux principales rues ; la force armée, tant à pied qu'à cheval, se déploie dans toute la ville ; les patrouilles sont multipliées ; il est défendu à tout individu d'en sortir. Les habitans & les étrangers sont forcés de se renfermer pêle-mêle dans les premieres maisons ouvertes ; par les menaces les plus rigoureuses, on les force à fermer portes, boutiques & fenêtres ; si quelqu'un est rencontré dans les rues, on lui fait courir sus, pour le forcer promptement à se réclure ; enfin, l'ordre eft donné à la troupe de faire feu fur le premier individu qui fe préfentera.

Après avoir mis ainfi la terreur & l'épouvante à l'ordre du jour, les commiffaires civils fe rendent à la maifon commune ; & là, d'un ton colere & menaçant, ils fe répandent en invectives contre la munipalité, de là, difent ils, qu'il femble que la municipalité affecte de leur renvoyer les différentes perfonnes qui viennent lui faire quelques plaintes. *Oui, foutre,* vous cherchez à me compromettre, leur dit Hugueny ; je ferai braquer contre vous le canon chargé à mitraille ; je vous pulvériferai ; & vos habitans de la campagne ont été fort heureux de fuir aux approches de l'armée, autrement je leur faifois tirer deffus.

Enfin, après avoir diftillé leur humeur acariâtre, ils annoncent qu'il faut fur-le-champ aller faire une expédition. Auffitôt ils remettent à fept officiers municipaux & à chacun d'eux une réquifition, pour aller, avec un piquet, mettre en état d'arreftation fept perfonnes de différent fexe, & les conduire à la maifon de réclufion. Ainfi fe termina cette journée trop mémorable, qui priva l'habitant de la campagne de fe retirer, pour aller reprendre dès le point du jour fes pénibles travaux, & qui l'a privé jufqu'à ce moment de reparoître dans nos murs.

En exécution des ordres donnés à la municipalité par les commiffaires civils à leur arrivée à Grenade, ainfi qu'il eft dit plus haut, de bien traiter les Sans-culottes, & leur faire fournir, par leurs hôtes, tout ce qui leur feroit néceffaire, attendu, dirent-ils, que tout feroit payé & rembourfé par les ariftocrates, plufieurs bons citoyens de la commune qui avoient logé des Sans-culottes pendant leur féjour, épuifés par les avances confidérables qu'ils avoient été tenus de faire pour les nourrir, ou bien par des travaux de leur état dont ils n'étoient point payés, d'après le vœu des commiffaires civils, vinrent faire infcrire à la municipalité les états de dépenfe & fournitures les concernant.

Enfin, le 23, fur les trois heures après midi, Hugueny & Blanchard parurent à la municipalité ; ils annoncerent leur départ prochain ; ils dirent qu'il étoit inftant de prévenir tous les bons citoyens qui avoient nourri les Sans-culottes, ou fait d'autres dépenſes ou fournitures à leur occaſion, d'apporter leurs états, pour qu'on aviſât à leur paiement. Hugueny dit alors que pour alléger le ſort de la commune, vu le long ſéjour qu'avoit fait à Grenade l'armée révolutionnaire ; vu encore qu'ils avoient parcouru tout le canton de Grenade, celui de Cox & partie de celui de Verdun ; que par voie de ſuite ils ne ſéjourneroient pas beaucoup dans les autres villes du diſtrict, il entendoit que la dépenſe faite à Grenade fût également ſupportée par tous les ariſtocrates & gens ſuſpects du diſtrict.

Auſſitôt le citoyen maire obſerve aux commiſſaires civils que déjà pluſieurs citoyens ſe ſont préſentés pour cet objet, & qu'ils ſe ſont fait inſcrire ſur un regiſtre qui a été ouvert à cette occaſion, qu'il leur préſente. Hugenny examine les différentes déclarations qui ont été faites ; & prenant l'air d'un homme ſurpris, il ſe récrie ſur certains articles qui lui paroiſſent exagérés, relativement à la nourriture fournie aux Sans-culottes.

On lui obſerve que ce n'eſt que d'après les ordres qu'il a donné, que les fournitures ont été faites. Il répond qu'il ne l'a point entendu ainſi, qu'on n'a pas pu faire manger aux Sans-culottes au-delà de leur étape ; qu'au demeurant, ſi les citoyens ont voulu les fêter, ils en ont été les maîtres ; que tout ce qu'il peut faire au plus, eſt de leur paſſer vingt-cinq ſous par jour.

Ce langage étoit bien différent de celui que tinrent les commiſſaires civils à leur arrivée à Grenade ; mais que faire contre un homme qui avoit des pouvoirs illimités ? Le parti le plus prudent fut celui de ſe taire.

Le citoyen maire leur préſenta enſuite un état aſſez conſéquent des avances que la municipalité avoit fait d'après leur ordre verbal pour l'armée révolutionnaire. Il éprouve le ſort du précédent ; pluſieurs articles ſont rejetés ou modifiés.

Les commiſſaires ſe retirent en invitant la municipalité de faire prévenir tous les citoyens qui ſont dans le cas d'avoir fait quelque fourniture, pour qu'ils viennent promptement ſe faire inſcrire.

La municipalité exécute dès le lendemain les ordres ultérieurs, en invitant tous les citoyens à préfenter leur compte.

Le 26, les citoyens s'empreſſent de venir faire leur déclaration. Sur les quatre heures du foir, Hugueny & Blanchard entrent à la maiſon commune ; ils font témoins que quelques patriotes, quoique foulés, renoncent à la répétition qu'ils étoient en droit d'exiger pour la dépenſe des Sans-culottes.

Vient le tour de l'inſcription de la citoyenne Miegemolle, qui déclare vouloir être payée de la nourriture qu'elle a fourni à deux Sans-culottes pendant tout le féjour que le détachement a fait à Grenade.

Cette demande provoque l'indignation d'Hugueny, qui ménageant peu fes propos, déclare à coup fûr que c'eſt un ariſtocrate, & qu'il eſt bien convaincu que ceux-ci feront les feuls qui exigeront le rembourſement.

Il affecte de faire une fortie à cet égard, afin d'intimider une foule de bons citoyens préfens, qui étoient venus pour le même objet.

En effet, cette mefure lui réuſſit parfaitement bien ; car non-feulement les perfonnes qui vinrent fe faire infcrire après la femme Miegemolle, déclarerent renoncer à la répétition de la nourriture qu'ils avoient fourni, mais encore plufieurs qui en avoient demandé déjà le rembourſement fe rétracterent & en firent un abandon.

Le lendemain, le citoyen maire eut occaſion d'aller chez les citoyens commiſſaires civils ; ceux-ci lui annoncent qu'ils étoient à la veille de leur départ, qu'il falloit que la municipalité leur donnât une atteſtatoin, portant que dans toutes les opérations qui avoient été faites à Grenade, elles n'avoient eu lieu qu'après qu'ils s'étoient concertés avec la municipalité ; & qu'autant ils avoient porté de rigueur contre les ariſtocrates, autant ils avoient protégé les patriotes : ils en demandent encore une feconde pour atteſter que l'armée révolutionnaire s'étoit parfaitement bien conduite pendant fon féjour à Grenade.

Ils étoient bien fûrs, avant de faire cette demande, d'obtenir tout ce qu'ils voudroient ; ils avoient des canons, des fufils, des baïonnettes & des fabres à leur difpofition. Ils avoient fait fentir dans plufieurs occafions qu'ils fauroient en faire ufage. Eh bien ! la municipalité trop contente de les voir partir, déféra à leurs demandes, & les certificats furent délivrés fous la rédaction qu'ils voulurent.

Enfin, le 28 à fix heures du matin, le détachement de l'armée révolutionnaire, ainfi que les commiffaires, partirent pour Beaumont.

Mais leur féjour dans cette ville, lieu de la naiffance & d'habitation du citoyen Hugueny, ne fut pas de longue durée.

Le premier Nivofe, la municipalité de Grenade reçoit une réquifition de la part de celle de Beaumont, fous la date du 30 Frimaire, *pour qu'elle eût à fournir le lendemain Nivofe, le logement & l'étape au détachement de la ci-devant armée révolutionnaire de la Haute-Garonne, actuellement faifant partie du quatrieme bataillon de la Montagne, compofé de cent cinquante-quatre hommes effectifs, tant canonniers, infanterie, que cavalerie, & à trente-cinq chevaux.*

Quoique la municipalité eût connoiffance alors de la loi portant la diffolution des armées départementales, toujours attentive à remplir fes devoirs, mettant à l'écart tous les mauvais traitemens qu'elle lui avoit fait fubir, ainfi qu'à fes concitoyens, fe hâta de donner des ordres pour que tout fût prêt au moment de l'arrivée de ce détachement.

Cependant, voulant éviter toute efpece de rixe, craignant que leurs concitoyens ne fuffent encore provoqués par le détachement, elle fit publier le 2 au matin, à fon de trompe, une ordonnance de police, pour que tous les cabarets, cafés, & autres lieux publics fuffent fermés après neuf heures du foir.

Sur les quatre heures de l'après-midi de ce même jour, le détachement arrive. Pour éviter le défordre & la confufion, le citoyen maire fe rend fur la place, va paffer la revue, & diftribue lui-même les logemens. Il annonce à l'entier détachement que la retraite battra à huit heures, & qu'à neuf il voudra fe trouver dans fon logement refpectif.

C

C'en fut affez : les commiffaires Hugueny & Blanchard , inftruits à leur arrivée des ordres donnés par la municipalité , fe rendent à la maifon commune , avec quelques officiers du détachement.

D'un ton courroucé, le citoyen Hugueny lui déclare que depuis fon départ, il s'apperçoit que cette ville s'eft mife en état de contre-révolution, qu'il demeure inftruit de tous les propos qui ont été tenus contre l'armée révolutionnaire. Il leur dit qu'ils n'imaginent pas que fes pouvoirs ont pris fin , qu'il en a au contraire reçu de nouveaux. Il a l'air de fortir de fon portefeuille quelques papiers, que perfonne ne vit & ne lut que lui.

Les officiers qui l'entouroient, qui avoient eu l'air de perdre d'abord contenance par les difpofitions de la loi qui les fupprimoit, reprirent leur morgue premiere , & d'après les ordres d'Hugueny , ils commanderent une garde double au piquet de la garde nationale de Grenade.

La municipalité tranquille comme fes concitoyens, ne voyoit pas où le citoyen Hugueny vouloit en venir par cette fortie. Elle n'avoit ni ne pouvoit fe faire aucun reproche, & bientôt elle fut éclaircie.

Hugueny commence à fe plaindre amerement de ce que la municipalité n'avoit point payé au citoyen *Tertre* , aubergifte de cette ville, une fomme de *deux mille quelques livres* qui lui reftoit due pour la dépenfe qu'il avoit fournie aux commiffaires & à l'état-major de ce détachement. La municipalité eut beau s'excufer fur le défaut de fonds , puifqu'elle n'en avoit aucun à fa difpofition , le citoyen Hugueny ne veut entendre aucun raifonnement. Il fort fon porte-feuille, & paie lui-même en notre préfence le citoyen *Tertre* , en nous difant que, *foutre* , nous le payerions plus cher que nous ne penfions. Il fit dreffer verbal à la municipalité du paiement effectué en fa préfence.

Ainfi fe paffa cette journée ; & le commiffaire *Hugueny* , fans entrer dans d'autres détails fur ce qui fe trouvoit dû à une infinité d'autres citoyens ; oubliant toutes les promeffes & les ordres donnés à la municipalité avant fon départ pour Beaumont , relatifs aux états de dépenfe de tous les créanciers, les commiſſaires civils & le détachement de la ci-devant armée révolutionnaire ſont partis ce matin pour Touloufe, préalablement avoir exigé une ſeconde atteſtation de bonne conduite en faveur du détachement.

PARAYRE, maire; BARCOUDA, officier municipal; NADAL, officier municipal, BORGEON, officier municipal; DOULIAS, officier municipal; VALETTE, officier municipal; PICARD, officier municipal; LATASTE, GARROS, PARAYRE aîné, GARROS, TERTRE, SERAC, BARCOUDA cadet, PICARD cadet, notables; MONTANÉ, agent national; BERGÉ, ſecrétaire-greffier, *ſignés*.

N. B. La municipalité & conſeil général de la commune de Grenade, complétés & épurés par arrêté des repréſentans du peuple Mallarmé & Bouillerot, du 16 Frimaire dernier, d'après la déſignation de la ſociété populaire, obſervent que le procès verbal ci-deſſus ayant été rédigé dans un temps où la terreur peſoit ſur cette malheureuſe commune, les rédacteurs ont omis ou modifié pluſieurs faits graves qui auroient plus particulierement caractériſé le ſyſtême d'opreſſion combiné depuis long-temps contre cette cité. La plupart de ces faits étant cependant connus dans tous nos environs, & la procédure actuellement pendante devant le juré d'accuſation du tribunal de Touloufe, devant néceſſairement leur donner de l'authenticité, le conſeil général juge inutile d'en rappeler ici l'affreux détail; mais il croit de ſon devoir d'en faire connoître dont l'hiſtoire du deſpotiſme ne fournit qu'un ſeul exemple.

A peine le procès verbal conſtatant la conduite vexatoire de l'armée révolutionnaire envers cette commune, fut-il clôturé, que le cri public de ſes habitans & l'arrêté du diſtrict de Touloufe, du 12 Frimaire, an ſecond, autoriſé par celui du département, & rendu commun à l'entier département, firent un devoir aux magiftrats du peuple de rechercher , par une enquête , les dilapidateurs de la fortune publique. Déjà une foule de témoins entendus ne prouvoient que trop les dilapidations en tout genre commifes par l'armée révolutionnaire & fes chefs. La municipalité étoit au moment de porter fon travail au repréfentant du peuple Pa-ganel en féance à Touloufe , pour lui faire connoître ces délits & leurs auteurs , lorfqu'au moment où l'on s'y attendoit le moins , on voit arri-ver , le 2 Pluviofe dernier , à fix heures du foir , dans cette commune , une force armée compofée de cinquante Allemands , accompagnée de de deux commiffaires civils Blanchard & Brobriffe , à eux joint le citoyen Daft , agent national du diftrict.

Leur miffion dans cette commune n'ayant été précédée d'aucune an-nonce, on en ignoroit l'objet ; mais on ne tarda pas à l'apprendre.

Les commiffaires civils & l'agent national fe rendent à la maifon com-mune , & enjoignent au maire de faire convoquer le confeil général de la commune pour le lendemain à cinq heures du foir.

Le confeil affemblé à l'heure indiquée , lefdits commiffaires & l'agent national du diftrict , fuivis de l'efcorte militaire qu'ils avoient emmené , entrent dans la maifon commune , s'emparent de la préfidence , & font faire lecture d'un arrêté du repréfentant du peuple Paganel , qui établit leurs pouvoirs, & en requierent l'enregiftrement.

Ils demandent encore , vu que le confeil eft peu nombreux, qu'il foit fait un appel nominal de chaque membre , que l'on conftate pourquoi les abfens ne font point à leur pofte.

Ce préalable rempli , le citoyen Blanchard , l'œil étincelant de colere , & avec des geftes menaçans , déclare qu'il eft venu à la connoiffance des commiffairès que cette commune marche plus que jamais dans le fens inverfe de la révolution ; que le confeil général de la commune renferme dans fon fein un grand nombre de cabaleurs & d'intrigans , qui ne cher-chent qu'à compromettre les commiffaires civils qui étoient à la tête de l'armée révolutionnaire ; qu'ils ne peuvent ignorer qu'il exifte une procédure monftrueufe & infernale faite par la municipalité. Ils demandent auffitôt que la repréfentation en foit faite ; & Blanchard, moins occupé du falut public que de fon intérêt perfonnel, interpelant le maire, il emploie toutes les menaces & les moyens les plus defpotiqnes pour forcer la municipalité à convenir qu'elle a fait une procédure, & en exige impérieufement la remife.

Il n'eft pas inutile d'obferver que la force armée inveftiffoit la falle de la commune, & que fon chef, le fabre nu à la main, en gardoit la porte. Effrayée par cet appareil menaçant, la municipalité livre cette procédure ; les commiffaires Brobriffe & Blanchard s'empreffent d'en lire quelques dépofitions.

Sans doute que Blanchard ne dut pas y trouver fon compte ; auffi les commiffaires avec l'agent national du diftrict, réfléchiffant fur le parti qu'ils avoient à prendre pour en dépouiller la municipalité, Brobriffe annonce qu'il faut que l'agent national de la commune la parafe : ils font dreffer procès verbal du nombre des dépofitions ; ils font du tout un paquet ; ils le font mettre fous le fceau de la municipalité ; chaque commiffaire appofe fa figuature fur l'enveloppe ; l'agent près du diftrict s'en empare, & fournit le récépiffé fuivant :

« Je reconnois avoir reçu du citoyen Montané , agent national de la
» commune de Grenade , un procès verbal conftatant la remife à nous
» faite cejourd'hui par ledit Montané , d'un paquet contenant cinquante-
» cinq pieces de lui fignées, *ne varietur* , & fcellées du fceau de la com-
» mune. A Grenade , le 3 Pluviofe , l'an fecond de la république françaife ,
» une & indivifible. DAST , agent national , *figné*. »

Il eft digne de remarque que l'arrêté du repréfentant du peuple Paganel, établiffant le pouvoir des commiffaires civils, non-feulement ne les autorifoit pas à enlever cette procédure , mais fe taifoit abfolument fur fon exiftence ; & il n'eft pas mal aifé de voir que le principal objet de ces commiffaires , en provoquant l'arrêté furpris au repréfentant Paganel , avoit été de fouftraire , en fupprimant cette procédure , les traces de piraterie , & de la conduite vexatoire tenue par l'armée révolutionnaire à Grenade.

Fait & arrêté en conseil général de commune , le 14 Nivose , l'an troisieme de la république , française une & indivisible.

BARINCOU, maire ; DOUILAS, CAZEVIELLE , TEULADE , BRUNIE, LATASTE , officiers municipaux ; DUZAU , PARAYRE , NADAL , RIEUPEY-ROUX , VEAY , PUECH , CAPMARTIN , TERTRE , CAUSSE , BELAN , POUR-QUIÉ , notables ; MONTANÉ , agent national ; BERGÉ , secrétaire-greffier, signés à l'original.

A TOULOUSE,

Chez la veuve DESCLASSAN , Imprimeur du District & de la Municipalité.

BIBLIOTHEQUE NATIONALE DE FRANCE

3 7531 04147909 9

www.ingramcontent.com/pod-product-compliance
Lightning Source LLC
Chambersburg PA
CBHW051402060726

47596CB00005B/2038